[BIBLIOT]HÈQUE POPULAIRE.

DE L'ÉDUCATION

comme remède unique des maux présents et à venir de la France et de la société tout entière.

Prix : 5 centimes.

MAISON DES ORPHELINS,
Allées des Noyers, 26.

BORDEAUX.

1850.

BORDEAUX,

CHEZ HENRY FAYE, IMPRIMEUR, RUE SAINTE-CATHERINE, 139.

DE L'ÉDUCATION

COMME REMÈDE UNIQUE DES MAUX PRÉSENTS ET A VENIR DE LA FRANCE ET DE LA SOCIÉTÉ TOUT ENTIÈRE.

Chaque époque, chaque siècle a son caractère distinctif, son originalité particulière.

A la vérité, la raison humaine, en se développant, rencontre constamment les mêmes difficultés, les mêmes problèmes; mais elle les envisage sans cesse d'une façon différente et d'un point de vue nouveau. C'est cette idée qu'a si bien exprimée Leibnitz, lorsqu'il a dit : *Le passé est le père du présent qui est gros de l'avenir.*

Quand nous connaîtrons la manière dont les générations sont élevées, nous pourrons dire que nous connaissons notre avenir. Oui, notre avenir est tout entier dans la direction

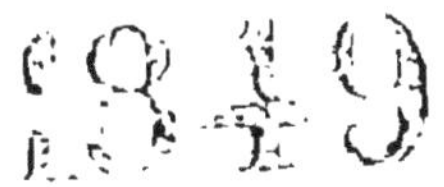

donnée à l'éducation de la jeunesse, que nous regardons comme l'unique planche de salut, au milieu de ce naufrage universel de toutes les vérités religieuses, politiques et morales.

Aussi tout le monde reconnaît qu'aujourd'hui, plus que jamais, l'enseignement est appelé à exercer une influence sociale, régénératrice ou meurtrière, selon les principes qui présideront à son organisation; et nul père qui ne soit convaincu qu'en déterminant un choix quelconque relativement à l'éducation de ses enfants, il fixe en quelque façon leurs destinées.

L'éducation, n'est-ce pas, après tout, la formation de l'homme et l'apprentissage de la vie? ne donne-t-elle pas à la société ses vices, ses vertus, ses mœurs, sa façon d'exister? ne touche-t-elle pas conséquemment aux plus grands problèmes de la philosophie et de l'histoire? Entrez par la pensée dans toutes ces écoles, pensionnats, colléges, lycées, qui couvrent la face de notre beau pays de France, contemplez un instant ces petits êtres insouciants, dont nos ébranlements politiques troublent à peine le repos; ils sont appelés à devenir des hommes; encore quelques années, et ils occuperont toutes les hiérarchies du pouvoir, ils feront les opinions et les événements, et ils y laisseront l'empreinte que leur aura donnée l'éducation de la cité ou du village.

Quand nous parlons de régénération sociale par l'instruction, c'est du salut de la société qu'il s'agit. Nous n'apportons, en traitant ce grave sujet, aucune préoccupation ni de personnes, ni de couleurs; la politique, qui passionne et irrite, n'est pas dans nos habitudes; nous ne sommes ni d'un drapeau, ni d'un système. Nous sommes de Dieu et de son Église. C'est aux âmes que nous nous adressons; ce n'est pas une utopie nouvelle que nous prétendons leur apporter, c'est la vieille et éternelle solution qui nous vient de la bouche divine qui s'en allait, répétant dans les villes et les bourgades de la Judée : *Avant tout, cherchez le royaume de Dieu et sa justice; le reste vous sera donné par surcroît.*

Quelle influence l'éducation est-elle destinée à exercer sur le monde actuel si tourmenté, si compromis? C'est ce qu'il nous est difficile d'expliquer sans quelques appréciations historiques, sur lesquelles nous commençons à appeler une sérieuse attention.

La société n'est pas arrivée en un instant là où nous la voyons aujourd'hui; trois siècles de révolutions lui ont donné cette impulsion qui ne semble plus devoir s'arrêter que sur la pente de quelque effroyable abîme.

Il faut cependant reconnaître dans les événements, dans les crises même les plus violentes qui l'ont troublée si souvent, deux parts bien distinctes, celle du bien et celle du mal.

La part du bien procède de ce désir de réforme, de ce besoin d'innovations, de cette aspiration vers le progrès et l'avenir, qui est un des instincts les plus vivaces de notre nature. Dans le plan de la Providence, en effet, comme dans les idées chrétiennes, l'humanité, pas plus que l'homme, *n'a de cité permanente* sur cette terre. Voyageuse à travers le temps, elle marche toujours, elle marche sans jamais trouver le repos auquel pourtant elle aspire. Elle s'abrite un moment sous ses institutions, comme sous une tente, qu'elle replie ensuite pour en dresser une autre. Nous pouvons bien gémir de cette perpétuelle instabilité, mais nous n'avons pas le droit de lui jeter l'anathème; car elle résulte au fond de deux sentiments qui nous relèvent et nous honorent : l'insuffisance de ce qui est, le besoin de ce qu'on désire, de ce qu'on attend.

Mais le grand mal, c'est que, dans son aspiration vers l'avenir, la société a méconnu depuis trois siècles les vraies conditions du progrès. Elle ne s'est pas contentée de lever sa tente, elle l'a brisée avec colère et en a foulé aux pieds les matériaux essentiels. Elle ne s'est pas bornée à réformer le passé, elle s'est prise contre lui d'une haine extravagante et sauvage. Aussi voyons-nous que, dans son agitation passionnée, elle a rétrogradé au lieu d'avancer.

Oui, je ne crains pas de le dire, malgré mon respect pour les conquêtes de l'esprit moderne, sous certains rapports les plus essentiels, la société a rétrogradé depuis trois cents ans.

Suivez, en effet, les diverses phases de cette guerre aveugle qu'elle fait au passé; suivez la marche de nos grandes révolutions, à commencer par celle qui a créé le point de départ de toutes les autres, je veux dire la révolution de Luther et de Calvin. Est-ce que vous n'êtes pas frappés, tout d'abord, de la manière de plus en plus infime dont la question sociale a été posée successivement?

Au commencement, vous la voyez se débattre dans les plus hautes sphères de la religion : c'est à l'Eglise qu'on s'adresse directement. Ses adversaires se posent comme les vengeurs de la vraie parole de Dieu. Je vois là, du moins, quelque chose de hardi, de solennel. C'est le berceau du protestantisme.

De ces prétentions dogmatiques on descend bientôt à des luttes de philosophie. Ce n'est plus à l'Évangile qu'on veut revenir. Hélas! on a fait bien du chemin. Il n'est plus question que d'éclairer les esprits, de renverser les superstitions, de répandre les lumières, d'établir le règne de la raison.... d'écraser *l'infâme*. Telles sont les prétentions du dix-huitième siècle, et tels aussi les prétextes de la révolution colossale qui le termine : alors les adversaires du passé ne s'appellent plus protestants, ils s'intitulent philosophes.

Avancez encore, et vous voyez la querelle se rapetisser davantage; elle perd le caractère doctrinal et devient exclusivement politique. Il n'est plus question de l'Église, ni du libre examen, ni de l'empire de la raison. Aux discussions théologiques, aux grandes théories, aux génies supérieurs, succèdent le dévergondage de la presse, la tactique des partis, les déclamations des tribuns. De la sphère des idées, on descend au domaine des faits : ce n'est plus de croyances et de lumières qu'on discute, c'est d'intérêts et d'institutions. En ce temps-là, les adversaires du passé s'appellent libéraux ; leur but ce n'est plus la vérité, aliment des intelligences, c'est la liberté, besoin des passions.

Franchissez enfin la révolution qui a clos cette période du libéralisme, arrivez jusqu'à l'époque présente, et vous voyez les déchéances grandir encore. Quelle est, en effet, de nos jours la grande préoccupation des esprits, quelle est la grande question sociale? Ce n'est ni le dogme, ni la vérité, ni la liberté, c'est la matière, c'est le bien-être. Après s'être adressé avec tant d'emphase et de bruit à notre foi, à notre raison, à nos intérêts, on ne parle plus maintenant qu'à nos appétits. En haut et en bas de la société, qu'entendons-nous depuis quelques années? En haut, c'est la bourse, le luxe, le confort, les intrigues, les théâtres, les canaux, les chemins de fer, en un mot, l'argent et le plaisir sous toutes les formes; les catastrophes de ces derniers temps n'y ont rien changé. En bas, on se plaint de la misère, on demande l'organisation du travail, l'accroissement du salaire, le partage des biens. Des deux côtés, on n'a plus un regard vers le ciel, on se ravale; des deux côtés, on ne donne qu'un but misérable à l'existence : ceux-ci de garder la richesse, ceux-là de l'envier et de la prendre. Voilà le caractère de notre dernière révolution; nous étions descendus des certitudes de la foi aux disputes de la raison; nous nous abaissons maintenant du culte de la liberté au règne du sensualisme.

Ainsi donc, dans notre histoire révolutionnaire, il y a quatre phases qui constituent sommairement quatre déchéances : la révolution protestante se fait au nom de la foi, elle est dogmatique. La révolution de 89 se fait au nom de la raison, elle est philosophique. La révolution de 1830 se fait au nom de la liberté, elle est politique. La révolution de 1848 se fait au nom du bien-être et des appétits matériels, elle est économiste.

Les protestants sont sortis du relâchement de l'ordre ecclésiastique; les philosophes, des vices de l'aristocratie et de son incrédulité. Les libéraux sont sortis de l'indifférence religieuse et de la cupidité de la classe moyenne. Les agitateurs du moment sont sortis de la haine envieuse et de l'amour effréné des jouissances matérielles.

Ai-je besoin, maintenant, de faire remarquer l'impuissance de ces divers fauteurs de révolutions? Ne voit-on pas qu'ils n'ont fait que se dévorer les uns les autres, et s'infliger mutuellement la peine du talion?

Les protestants avaient dit : plus d'Église! et ils ont enfanté les philosophes qui ont dit : plus de religion! les philosophes eux-mêmes ont enfanté les libéraux qui ont dit : plus de droit divin! et les libéraux à leur tour ont enfanté les hommes qui s'en vont criant : plus de propriété!

A mesure qu'ils démolissaient en haut,

leurs descendants logiques les démolissaient d'en bas; ils n'ont donc recueilli pour eux-mêmes que déceptions, et n'ont guère transmis à la société que des ruines.

Et pourtant quelles chances humaines de succès leur ont manqué? d'où vient donc que cette dépense énorme de génie, de temps, de richesses et de gloire n'a abouti qu'à nous faire reculer d'un combat de doctrine à une lutte d'intérêts, et d'une lutte d'intérêts à cet effroyable malaise qui constitue notre état présent?

Hélas! c'est que tout ce mouvement de l'histoire s'est fait en dehors de la religion, et en général contre elle.

Comme le christianisme s'était uni intimément à l'ancienne société et qu'il en était le côté le plus apparent, et en quelque sorte le plus responsable, on a malheureusement cru que, pour extirper les abus du passé, il fallait saper le christianisme lui-même.

De là, cette guerre contre nature que lui ont déclarée tour à tour la science, la liberté, le progrès, l'industrie, la presse, tous les éléments de la société nouvelle. Guerre ingrate, désastreuse et impie, qui a égaré la marche de l'humanité, et l'a précipitée au milieu des abîmes.

Ah! si, au contraire, on avait demandé à la religion d'unir à tous les grands moyens d'action découverts de nos jours, sa double force de cohésion et d'expansion, de conservation et de progrès; si on lui avait demandé de consacrer de son appui, d'éclairer de sa lumière, ce mouvement d'innovations et de réformes qui emporte le monde nouveau, qui peut dire à quels désastres nous aurions échappé, à quelle hauteur nous serions parvenus! Ce fut le rève et c'est encore l'espoir d'une foule d'âmes généreuses, et malheur à nous s'il ne devait pas quelque jour se réaliser!

Ainsi, dans notre société, telle que les révolutions nous l'ont faite, il y a la part du mal, et je n'y vois d'autre remède que le recours universel et pratique à la religion; il y a la part du bien, et je n'y vois d'autre consécration que l'alliance intime et profonde avec la religion.

Or, ce recours et cette alliance ne sont évidemment possibles que par l'éducation. J'aurais voulu, si le temps me l'eût permis, vous faire toucher au doigt cette double vérité.

Que le mal d'abord ne soit guérissable que par la religion, c'est une croyance qui gagne peu à peu les esprits les plus prévenus.

M. Quinet se plaint, dans une profonde amertume, que les fils de Voltaire mendient la protection des fils de Loyola. Cette exclamation d'une rage trompée est pour nous un signe d'espérance; elle nous prouve qu'un irrésistible instinct nous pousse vers l'Église, comme il pousse vers le rameau de la rive le nageur épuisé, qui sent sur son visage le souffle de la mort.

Oui, cette double puissance de l'autorité et de l'amour, que des hommes trop coupables ont si souvent attaquée; ils ont maintenant peur de la voir disparaître; ils récusent la paternité suprême du chef de l'Église; ils nient son droit; mais, quand ils entrevoient seulement le vide immense qu'il ferait dans le monde, l'effroi les saisit, ils tremblent et ils élèvent les bras pour soutenir saint Pierre et la fortune des nations.

Quand, à force de scandales et de propagandes impies, on a fini par convaincre les masses que toutes leurs espérances religieuses ne sont qu'un leurre et une chimère, qu'il n'y a de bonheur possible que dans les jouissances de cette terre, de quel côté voulez-vous qu'elles se retournent alors, sinon du côté de l'argent ou du côté des vastes domaines, des splendides habitations que vous possédez? Pour une société sans foi, l'or et le plaisir ne sont pas seulement le grand mobile, c'est le droit suprême, c'est le devoir unique, c'est la fin dernière, parce que c'est le bonheur d'ici-bas.

La foi en une autre vie est la seule explication logique de l'inégalité des conditions.

Je me suis toujours étonné que cette simple considération n'ait pas frappé l'esprit des publicistes, des littérateurs, des romanciers, qui ont travaillé avec un si déplorable succès à déchristianiser les masses. Que n'ont-ils pas fait pour déconsidérer les prêtres, pour ébranler les croyances et discréditer la religion? Les exemples, les livres, les journaux, l'enseignement supérieur comme l'école du village, les théâtres, les arts, la poésie, tout a été tourné contre le catholicisme, puisque tout a combattu ou bafoué ce qui le personnifie aux yeux des peuples.

Et maintenant ces grands esprits se plaignent et tremblent; ils reculent d'effroi devant les conséquences des doctrines qu'ils couronnaient de fleurs, et ils ne reviennent pas à Dieu. Enrichis et comblés d'honneur à ce coupable métier d'opposition irréligieuse ou politique, ils trouvent étrange que les malheureux, qu'ils ont dépouillés de tout ce qui fortifie et console, les veuillent dépouiller à leur tour de ces trésors qui sont le seul bonheur possible prêché par leurs exemples et leurs leçons; ils se font, à cette heure, les grands défenseurs de la religion, de la propriété et de la morale, et j'affirme, sans hésitation, qu'ils ne sauveront pas la société.

La montagne de 1848 a mis à nu tout ce qu'il y avait dans les entrailles d'une autre montagne que l'auteur des *Girondins* a voulu réhabiliter. Les ateliers nationaux, les attentats de mai et de juin, la misère et l'épouvante publique, ont fait justice des théories à la défense desquelles furent voués d'autres remarquables talents. Quant aux auteurs de *Notre-Dame de Paris*, du *Juif errant*, du *Livre du prêtre, de la femme et de la famille*, et en y ajoutant même MM. Cousin, Damiron, Gatien-Arnoult, Matter, Bouillet, Charma, Bouchette, Genin, Mallet, Laroque, Quinet et Libri, ils peuvent se sauver dans quelqu'un des asiles que la religion ouvre encore au repentir; mais, je le répète, ils ne sauveront pas la France.

Non, ceux-là ne sauveront pas leur patrie, qui ont passé leur vie à la spolier de son bien le plus cher, la foi, tandis qu'ils prenaient pour eux la graisse de la terre et l'encens qu'on brûlait dans la presse ou sur les théâtres en leur honneur. Leurs plus fameux arguments en faveur de l'ordre, ressembleront à des sophismes, s'ils ne ressemblent pas à des moqueries; leurs livres les plus fameux sur la propriété seront frappés de contradiction et d'impuissance; le peuple, dans sa logique impitoyable, leur dira jusqu'au milieu des congrès qu'ils inaugureront en faveur de la paix universelle : Quand vous m'avez prêché l'impiété sous toutes les formes, vous avez préconisé le désordre, vous avez poussé un cri de guerre à mort entre vous et nous; et, si vous étiez nus et pauvres, vous ne feriez pas des livres sur la propriété.

On regrette cette fatalité de position qui réduit à l'impuissance des hommes éminents qui nous ont perdus, et qui, quoi qu'ils fassent, ne nous sauveront pas.

En matière de conscience, les masses se laissent moins impressionner par les mots, qu'influencer par les exemples. Il serait inutile que ceux dont elles ont connu les pièces de théâtre, lu les romans, écouté les leçons, vinssent aujourd'hui mêler le nom de la religion à celui de la famille et de la propriété.

Aussi, quel bien produisent à l'oreille de nos maîtres d'école les remontrances que leur prodigue aujourd'hui celui qui jadis n'avait pas assez de flatteries à leur usage? Il aura beau les appeler, dans son *Conseiller du peuple*, *les recruteurs de l'anarchie et de toutes les sottises dont les pervers et les imbéciles veulent fanatiser et hébéter le peuple français;* il aura beau leur reprocher, qu'*on rougit de se dire, quand on sort de France, le compatriote de pareils somnambules;* ils jetteront au visage de l'ange déchu ces autres paroles qu'il vient d'envoyer à leur adresse : *Ah! prenez garde, la France peut pardonner beaucoup; mais elle n'aime pas à rougir. Ne la faites pas rougir d'elle-même et de vous.*

Malheur à la religion, malheur, par conséquent, à l'ordre et à la propriété qu'elle protége, si le peuple, dans sa perspicacité, peut dire de ses nouveaux apôtres : Vous parlez et vous n'agissez pas ; vous avez à la bouche le nom du christianisme, et vous n'avez, ni dans vos sentiments, ni dans vos actes, la foi qui fait et dénote le chrétien ! Je ne veux point de votre religion, parce que vous ne la jugez bonne que pour moi ! Allez, le pauvre serait volontiers le frère de qui l'aimerait sincèrement au nom de Jésus-Christ ; mais jamais le frère de celui qui lui impose la religion, comme le cavalier met un frein au cheval qui le porte.

Cet instinct de justice a même poussé dans l'âme du peuple des racines si profondes et si amères, qu'il dégénère souvent en aveugle prévention ; peu à peu ces pauvres cœurs déçus, aigris, étendent leur méfiance et leur colère à ceux-là même qui pratiquent sincèrement et ouvertement la morale évangélique ; et longtemps, bien longtemps encore, dans tout homme d'une autre classe que la leur, qui parlera de religion, ils suspecteront un hypocrite ou un ennemi.

Devons-nous donc désespérer de ramener les classes laborieuses à des dispositions plus consolantes? A Dieu ne plaise ; mais ne nous dissimulons pas que la chose sera lente et difficile, et que nous avons besoin, par conséquent et par-dessus tout, de l'action profonde et rénovatrice de l'éducation.

Il faut que de nouvelles générations s'élèvent, qui fassent oublier, à force de charité et de vertus évangéliques, l'indifférence et, osons le dire, les scandales des générations qui s'en vont.

Accueillez mon vieux père avec bonté, disait, il y a peu de temps, à un prêtre vénérable, un jeune homme au cœur généreux; je l'amène aujourd'hui au tribunal sacré; il y a un mois que je lui apprends le catéchisme et que nous faisons ensemble notre prière.

Il faut que le retour à la foi descende d'en haut, comme en est descendue d'abord l'hérésie, plus tard l'impiété, et enfin l'indifférence. Quand Luther et Calvin voulurent décatholiciser le monde, les portes des palais et des châteaux s'ouvrirent les premières, et celle de la ferme demeura close. Qu'aujourd'hui donc les chefs de nos armées, de nos administrations, de nos ateliers, loin de contrarier leurs soldats, leurs employés, leurs serviteurs, dans l'accomplissement du devoir pascal et de la sanctification du dimanche, soient les premiers à leur en donner l'exemple, et travaillent à créer partout de bonnes écoles.

Peu de conseils généraux se sont occupés de la question de l'enseignement. La révolution n'a pas assez fait de ravages pour dessiller les yeux à cette partie de la bourgeoisie française qui a encore sottement peur de l'influence du prêtre. On ne comprend pas, dans le sein des assemblées départementales, qu'il n'est pas indifférent qu'une génération soit chrétienne ou athée.

Sept départements sur quatre-vingt-six,

ceux de la Loire-Inférieure, du Pas-de-Calais, du Nord, de Maine-et-Loire, d'Ile-et-Vilaine, des Basses-Pyrénées et des Bouches-du-Rhône, ont fait seuls une honorable exception.

Il faut, enfin, qu'entre le pauvre et le riche, entre la classe qui travaille et celle qui possède, la paix soit provoquée par des âmes impartiales, qui ne soient point compromises dans les vives querelles du passé : c'est une belle mission que Dieu réserve à la jeunesse, à laquelle nous venons aujourd'hui l'encourager, et à laquelle les gouvernements devront la préparer par tous les moyens dont la Providence leur permettra de disposer.

Et plût à Dieu que les foyers de régénération chrétienne fussent plus répandus sur notre terre de France ! S'il en était ainsi, j'en appelle à la conscience des moins catholiques, ne serions-nous pas plus tranquilles sur l'avenir ?

Mais, hélas! ne dirait-on pas que tous les pouvoirs qui se succèdent depuis longtemps se sont donné pour mission principale de défendre les générations nouvelles contre les hommes de foi et de dévouement? Le grand danger pour le pays, c'était de tomber sous la main des prêtres! On a tant fait pour le préserver de ce malheur suprême, qu'il pourrait bien appartenir désormais à de tout autres influences; on verra si la société y aura gagné beaucoup de sécurité et de bonheur.

Qu'on jette dans nos cités et dans nos campagnes de jeunes hommes élevés dans les principes et dans les œuvres de la foi; à eux seuls, je ne crains pas de l'affirmer, ils adouciront plus d'amertumes, ils calmeront plus de haines, ils réfuteront plus d'erreurs, ils empêcheront plus d'émeutes, ils répandront, enfin, plus de consolations, de moralité et de bien-être, que ne pourraient faire, en des sens divers, la presse, les systèmes, les tribunaux, les soldats et la police.

Il n'y a donc que l'alliance intime de la religion et de la société qui puisse bénir et féconder, pour le bien, tous nos éléments de vie nouvelle, et il n'y a que l'éducation qui puisse cimenter peu à peu cette alliance nécessaire.

Que l'on n'aille donc pas chercher le progrès là où il n'est pas. Le progrès, tel que les hommes de bien et d'intelligence doivent le comprendre, le progrès avec les améliorations matérielles et le perfectionnement moral, il sera seulement dans la réalisation des principes de cette foi divine qui a les promesses de la vie présente et de la vie future.

Nous terminons en appelant sur ces graves pensées les méditations les plus sérieuses de ceux qui regrettent le passé et se préoccupent de l'avenir. Forts, ils se fortifieront davantage dans leur croyances; faibles, ils y puiseront un préservatif contre les séductions des funestes doctrines; indécis, ils verront la route qu'il faut suivre; sceptiques, ils apprendront que l'incrédulité a toujours été impuissante pour le bien; hommes de mouvement, ils découvriront où en est le principe; tous enfin, nous y trouverons la séve divine et vivifiante qui doit féconder l'arbre social, et lui faire porter des fruits pour le bonheur et la gloire de l'humanité.

En ne s'adressant qu'à la religion, plusieurs, peut-être, craignent de priver leurs enfants de ces connaissances humaines qui ouvrent les professions honorables, embellissent l'existence de joies nobles et légitimes, et affermissent la foi elle-même contre les sophismes de l'incrédulité.

En s'adressant exclusivement à la science, on redoute de ne rencontrer que cette science brûlante et corrosive, qui flétrit dans une jeune âme tout ce qu'elle a de pur, d'aimable, d'expansif.

Donc, toute institution qui, partant des bases profondément religieuses, embrassera dans un enseignement large et gradué les connaissances que réclame l'état actuel de la société, tout pensionnat où l'enfant ne trouvera jamais dans les exemples de ses maîtres un démenti aux leçons qu'il en reçoit, obtiendra la préférence des pères de famille véritablement dignes de ce nom.

C'est dans de pareilles écoles que se formeront des générations nouvelles, pénétrées des sentiments de la foi, différentes de ces générations sans croyances, dont l'esprit flotte au gré de tous les souffles de l'opinion, et avec lesquelles il serait impossible de jamais rien fonder de durable, pour la gloire de la France et pour la paix du monde.

L'éducation religieuse est donc la seule ancre de salut pour les sociétés humaines : sans elle, l'égoïsme, le feu des passions, la soif des jouissances, les discordes civiles, plus de lien entre les hommes, plus de société.

Avec elle, la vérité dans les lois; dans les pouvoirs, la justice; dans les citoyens, le respect de l'autorité; avec elle, enfin, la liberté véritable, l'amour et la défense des faibles, l'esprit de sacrifice, l'union des cœurs, le soulagement de toutes les misères, la réalisation de tous nos vœux et de toutes nos espérances.

www.ingramcontent.com/pod-product-compliance
Ingram Content Group UK Ltd.
Pitfield, Milton Keynes, MK11 3LW, UK
UKHW021204230726
13926UKWH00001B/305